CONFERENCE GÉNÉRALE

DES CAISSES D'ÉPARGNE DE FRANCE

AVANT-PROJET

DE

RÉVISION DE LA LÉGISLATION

DES CAISSES D'EPARGNE

SIÈGE DE LA CONFÉRENCE GÉNÉRALE

Hôtel de la Caisse d'épargne de Paris

9, Rue Coq-Héron

CONFERENCE GENÉRALE

DES CAISSES D'ÉPARGNE DE FRANCE

AVANT-PROJET

DE

RÉVISION DE LA LÉGISLATION

DES CAISSES D'EPARGNE

SIÈGE DE LA CONFÉRENCE GÉNÉRALE

Hôtel de la Caisse d'épargne de Paris

9, Rue Coq-Héron

CONFÉRENCE GÉNÉRALE
des
CAISSES D'ÉPARGNE
DE FRANCE

Paris, le 15 Décembre 1923.

A Messieurs les Présidents des Caisses d'épargne de France.

Monsieur le Président et cher Collègue,

Conformément à la décision prise par la Conférence générale des Caisses d'épargne de France, j'ai l'honneur de vous envoyer ci-inclus le texte de l'Avant-projet de révision de la loi du 20 Juillet 1895, élaboré par la Commission spéciale (1) nommée par cette assemblée, en vue de préparer la réforme de la législation qui régit notre Institution.

Cet avant-projet devra être examiné par toutes les Conférences régionales en 1924, afin que la Conférence générale puisse le discuter et en arrêter les termes définitifs dans sa prochaine session.

Veuillez agréer, Monsieur le Président et cher Collègue, l'assurance de mes meilleurs et tout dévoués sentiments.

Le Président de la Commission supérieure
des Caisses d'épargne,
Président de la Conférence générale,

E. DESROYS DU ROURE.

---

1. — Cette Commission est composée de : MM. Rozey, Président ; Devaux, Rapporteur ; Œsinger, Chauveau, Ernest Laurent, Secrétaire, Membres de la Commission supérieure ; de Coninck et Thillaye.

MÉTHODE DE TRAVAIL

PROPOSÉE PAR M. ROZEY

PRÉSIDENT DE LA COMMISSION DE RÉVISION

A LA CONFÉRENCE GÉNÉRALE

(SESSION D'OCTOBRE 1923)

Messieurs,

La Commission de révision de la loi de 1895, instituée par la Conférence générale des Caisses d'épargne, a poursuivi ses travaux depuis la session d'Octobre 1922.

Le Rapporteur général de la Commission, M. Devaux, avec un zèle et un talent auxquels il convient de rendre un hommage mérité, a établi un *avant-projet de révision de la législation des Caisses d'épargne*, et l'a soumis à la Commission au mois de Mai 1923.

Ce travail avait un triple but :

a) — Codifier les lois en vigueur ;

b) — Coordonner le régime alsacien et lorrain avec celui de l'intérieur ;

c) — Introduire enfin dans cette législation les réformes suffisamment mûries.

Les principes directeurs de cet avant-projet ont été les suivants :

1° — Les Caisses d'épargne ne sont pas un *service d'Etat*, mais *une institution privée d'intérêt général* soumise *au contrôle* de l'Etat ;

2° — La législation ne doit pas entrer dans de multiples détails d'application ; elle doit se contenter de tracer les grandes lignes, en laissant aux Caisses une souplesse et une liberté de mouvements aussi grandes que possible ;

3° — L'institution des Caisses d'épargne ne doit pas être à elle-même sa *propre fin*, ni fonctionner dans son intérêt *propre*, mais *dans celui du public*.

Le travail n'est pas *une proposition de loi*, c'est un *programme de législation des Caisses d'épargne* à réaliser soit par voie législative, soit par voie règlementaire.

La Commission demande à la Conférence générale de renvoyer pour examen ce travail aux Conférence régionales, avec invitation de l'étudier au cours de leurs réunions de 1924.

A cet effet, une copie de l'avant-projet pourrait être envoyée par le Secrétaire général de la Conférence générale aux Présidents de chaque Conférence, qui auront la mission de le faire parvenir à leurs Caisses adhérentes, à raison de deux exemplaires par Caisse.

Dans les Conférences régionales, la base d'examen et de discussion pourrait être la suivante, autant que possible la même dans tous les groupements :

a) — Chacun des *titres* de l'avant-projet ferait l'objet d'un *avis spécial* et *motivé* :

Titre 1. — Organisation des Caisses, articles 2 à 8.

Titre 2. — Fonctionnement des Caisses, articles 9 à 31.

Titre 3. — Gestion des dépôts, articles 34 à 37.

Titre 4. — Fortune personnelle, articles 47 à 53.

Titre 5. — Commission supérieure, articles 54 à 58.

Il n'entre pas dans l'esprit de la Commission de demander une délibération spéciale sur chacun de ces articles, un grand nombre ayant déjà fait l'objet de discussions longues et approfondies.

b) — Un *rapport spécial* pourrait être prévu pour les *questions* ci-après plus importantes ou délicates :

1° — Catégories des Caisses, article 1er.

2° — Gestion par la Caisse des Dépôts, articles 32 et 33.

3° — Caisses à garantie communale, articles 38 à 46.

Autant que possible, la Commission de révision suivrait, par l'un de ses membres au moins, les discussions dans chaque Conférence, et donnerait au besoin toutes explications sur l'avant-projet soumis.

Les observations présentées et les avis formulés à chaque Conférence régionale seraient envoyés, sans aucun retard, à la Commission de révision, qui coordonnerait les propositions suggérées pour en faire un travail d'ensemble à soumettre à la Conférence générale dans sa session d'Octobre 1924.

A la fin de 1924, on pourrait ainsi avoir *un programme de législation des Caisses d'épargne*. On ferait alors la distinction entre les dispositions devant faire l'objet d'une proposition de loi à soumettre au Parlement, et les dispositions pouvant être résolues par décrets ou circulaires.

On pourrait alors établir aussi un ordre d'urgence entre les diverses propositions.

(*Cette déclaration recueille l'assentiment unanime, et l'on décide que le Secrétariat général de la Conférence générale enverra, le plus tôt possible, et au plus tard dans les derniers jours de Décembre prochain, aux Conférences régionales et aux Caisses d'épargne le texte de l'avant-projet élaboré par la Commission de revision, afin qu'il puisse être examiné par les Conférences régionales au cours de leurs réunions de 1924.*)

AVANT-PROJET

DE

RÉVISION DE LA LÉGISLATION

DES CAISSES D'ÉPARGNE ORDINAIRES

EXPOSÉ DES MOTIFS

Avant même d'être votée, la dernière loi organique des Caisses d'épargne (20 Juillet 1895) était déclarée, par son rapporteur, M. Aynard, défectueuse et essentiellement perfectible. Elle ne concédait à nos Caisses qu'une ombre de liberté, sous l'empire de cette idée fausse qu'il fallait endiguer l'épargne populaire et abaisser le niveau des dépôts, pour alléger d'autant la charge écrasante de l'Etat, appelé en temps de guerre à rembourser tous ces milliards.

La fausseté de ce point de départ étant aujourd'hui démontrée, la loi ne tient plus debout, et sa révision s'impose.

La Commission de révision, nommée par la Conférence générale, s'est proposé un triple but : codifier les lois en vigueur, fondre le régime alsacien et lorrain avec celui de l'intérieur, en se rappelant que, d'après le mot de M. Millerand, absorption n'est pas fusion, introduire enfin dans cette législation les réformes suffisamment mûries.

La codification, qui consiste à rapprocher et à présenter dans un ordre logique des textes un peu trop dispersés, n'était qu'un travail de patience.

Une tâche plus délicate était de fondre les régimes en présence, qui ont tous deux fait leurs preuves et gardé leurs partisans, en conservant de chacun d'eux ce qu'il a d'essentiel et en tâchant de les mettre en concordance sur les points secondaires, de façon à faciliter les relations entre Caisses de types différents.

Comme principes directeurs, voici ceux dont on s'est inspiré :

I. — Nos Caisses ne sont pas un service d'Etat, mais une institution d'intérêt général, soumise au contrôle de l'Etat. Il faut donc se garder de tout ce qui tendrait à favoriser l'intervention de l'Etat, en dehors de son droit de contrôle, et ne point laisser fonctionnariser un personnel qui n'est pas interchangeable, sous peine de tomber au rang de simples doublures de la Caisse d'épargne postale.

II. — En pareille matière, le législateur doit se contenter de tracer les grandes lignes, sans entrer dans les multiples détails d'application. Moins les règles par lui posées seront strictes et uniformes, plus nos Caisses conserveront de souplesse et de liberté de mouvements, pour s'adapter à l'esprit de chaque population, le suivre dans son évolution, et se plier aux conditions spéciales de chaque milieu. C'est de la bonne décentralisation. Il serait également désirable de restreindre l'abondance excessive de la littérature réglementaire.

III. — Notre institution ne doit pas être à elle-même sa propre fin, ni fonctionner dans son intérêt propre plutôt que dans celui du public. Il faut laisser cet abus à certains monopoles d'Etat, devenus des sortes de fermes constituées au profit de ceux qui les exploitent. Donc, dans tous les cas où l'intérêt de nos établissements est contraire à celui de nos déposants, c'est toujours à ce dernier que nous donnons la préférence.

IV. — Peut être serait-il temps de s'engager prudemment dans la voie d'une législation plus libérale, proposée par un esprit aussi modéré et aussi prudent que M. Aynard, pour donner un commencement de satisfaction aux Caisses les plus importantes, les mieux outillées et les plus riches. L'examen du régime alsacien et lorrain en offre l'occasion. Entre tant d'autres innovations proposées dans nos Conférences régionales par des esprits d'avant-garde, il a paru nécessaire de faire un choix. En général, on n'a considéré comme réformes suffisamment mûries que celles ayant reçu la consécration d'un examen par la Conférence générale ou d'un vœu de la Commission supérieure.

Sous chaque article de l'Avant-projet on trouvera, imprimé en petits caractères, le renvoi aux textes en vigueur, ainsi qu'aux vœux émis en faveur de telle ou telle innovation. Sur trois points seulement, il a paru nécessaire d'entrer ici dans quelques développements, pour en faciliter l'examen et la discussion à nos Conférences.

I. — Recrutement des Administrateurs

La plupart de nos Caisses d'épargne qui comptent au moins soixante-quinze ans d'âge, sont nées de l'initiative privée. Après s'être cotisés pour fournir le fonds de dotation, leurs fondateurs nommaient eux-mêmes le Conseil d'administration, en en prenant parfois le tiers dans le Conseil municipal, si la Ville avait prêté son concours. Notre première loi organique du 5 Juin 1835 reconnut aux Caisses d'épargne la qualité d'établissements d'utilité publique ; elle leur enleva la gestion de leurs dépôts, qu'elles durent verser d'abord au Trésor, puis à la Caisse des Dépôts et Consignations (L. 31 Mars 1837), mais leur accorda en échange la garantie de l'Etat.

Jaloux d'avoir aussi la haute main sur leur administration intérieure, le second Empire imposa la forme municipale aux Caisses d'épargne nouvellement créées, ainsi qu'aux anciennes arrivées au terme de leur durée. D'après les statuts-types de 1854, le Maire devint Président de droit du Conseil des Directeurs qui furent tous choisis par son Conseil municipal. Or il ne faut pas oublier qu'à cette époque les Maires étaient des fonctionnaires nommés par le Gouvernement.

Ce régime se comprend parfaitement pour les Caisses à garantie communale, où les représentants de la Commune garante ont un intérêt évident à veiller de près à la marche des services, une mauvaise gestion étant susceptible d'engager les deniers communaux. La même raison n'existe pas pour les Caisses à garantie de l'Etat, dont le ressort s'étend bien au-delà du chef lieu où elles ont leur siège, et sur qui la loi refuse aux Communes le droit de contrôle administratif et financier qu'elles exercent sur les Hospices et Bureaux de bienfaisance, dont les Conseils municipaux ne nomment pourtant qu'une partie des Administrateurs.

A l'usage, le régime municipal présenta souvent pour les Caisses d'épargne de graves inconvénients : instabilité du Conseil des Directeurs, simple émanation d'un Conseil municipal, soumis lui-même aux fluctuations de la politique locale ; exclusions regrettables d'hommes compétents, ayant rendu des services à l'institution ; administrateurs indifférents, ou choisis pour leurs opinions plutôt que pour leurs aptitudes ; confusion possible des intérêts de la Caisse d'épargne avec ceux de la Commune ; moins de sécurité pour les employés. On a vu d'excellents Caissiers congédiés pour faire place à d'habiles agents électoraux, d'où confiance ébranlée chez les déposants, gestion défectueuse, procès et détournements.

Du jour où nos fonds de réserve constituèrent un avoir important, dont la loi nous permit de faire emploi en œuvres sociales, la stabilité de nos Conseils devint plus que jamais nécessaire pour mener à bien des œuvres de longue haleine, et fit toucher du doigt les bienfaits de l'autonomie. A certaines réformes réclamées, le Ministère opposait l'abus qu'en pourraient faire les Maires dans les Caisses d'épargne municipales. Bref, en haut lieu comme chez nous, le vent souffla bientôt à l'autonomie, dont MM. Rostand et Couprie s'étaient faits les ardents promoteurs.

Dès 1902, M. Millerand, Ministre du Commerce, appelait notre attention sur ce point. Appelé au Ministère du Travail, M. Viviani nous engageait vivement à reconstituer nos Caisses sous la forme autonome. Un nouveau type de statuts une fois adopté, le mouvement se précipita, grâce à l'intelligence de beaucoup de Conseils municipaux qui sentirent la nécessité de soustraire les institutions d'épargne aux sautes de vent électorales.

En 1905, on comptait encore 419 Caisses municipales (76 °/₀) pour 95 autonomes (17 °/₀) et 37 mixtes (7 °/₀). En Juillet 1923, les Caisses autonomes se montent au chiffre de 227 (41 °/₀) contre 295 Caisses municipales (54 °/₀) et 29 mixtes (5 °/₀).

En présence de ce mouvement qui semble irrésistible, la Commission de révision s'est demandée s'il n'y avait pas lieu de couper le câble, d'en finir une bonne fois avec une forme condamnée par l'expérience, en réservant uniquement le régime municipal aux Caisses à garantie communale.

Dans cet esprit a été rédigé l'article premier de l'Avant-projet, en vertu duquel les Caisses municipales seront transformées de droit en Caisses autonomes ou mixtes, à moins qu'elles ne préfèrent, d'accord avec leur Conseil municipal, substituer la garantie communale à la garantie de l'Etat.

II. — Composition du portefeuille

Depuis 1835, les Caisses d'épargne de France ont perdu la gestion directe des épargnes qui leur sont confiées. En échange de sa garantie, l'Etat les oblige à verser ces épargnes à la Caisse des Dépôts et Consignations, chargée de les faire fructifier. Ce devrait être là son but, et la loi du 20 Juillet 1895, dans son article premier, a précisé nettement les emplois qu'elle en devait faire, pour en obtenir le maximum de rendement avec toute sécurité et une certaine facilité de réalisation.

Les chefs de ce grand établissement, dont la conscience et l'habileté sont à l'abri de toute critique, se disent volontiers les banquiers des Caisses d'épargne. Mais, il faut le reconnaître, asservis au Ministère des Finances, ce sont des banquiers comme on en voit peu. En ce qui nous concerne, ils dédaignent les principes les plus élémentaires qui règlent la matière des placements ; ils ne tiennent aucun compte des recommandations vingt fois répétées de leurs clients ; et même les dispositions de loi qui leur tracent la marche à suivre, restent pour eux lettre morte.

Un principe reconnu par tous les économistes est la nécessité de morceler les placements, pour en compenser les risques et les moins-values. Ce que les bonnes gens traduisent ainsi : ne pas mettre tous ses œufs dans le même panier, fût-il inversable. Diviser ses placements, c'est s'assurer contre les risques, surtout si les valeurs ne sont pas de nature similaire et concernent différents pays ; car il est rare qu'elles soient toutes atteintes en même temps par un cataclysme. Un portefeuille ainsi diversifié n'aurait pas ressenti le recul violent qu'a éprouvé la rente française du fait de la guerre. Outre qu'elle agit comme une assurance et un parachute, la division des placements a le grand mérite de préparer une réserve et des moyens d'arbitrage Ainsi tel capitaliste français qui, au lieu d'avoir toute sa fortune en fonds publics et titres nationaux, avait un portefeuille composite, a pu vendre à des cours relativement élevés ses valeurs étrangères, pour souscrire aux emprunts nationaux, acheter d'autres titres français dépréciés par les circonstances, et réaliser ainsi des bénéfices.

La division des placements est d'ailleurs pratiquée par les grandes Sociétés de crédit et les Compagnies d'assurances les mieux dirigées. On cite le portefeuille de l'une d'elles qui contient trente-quatre fonds d'Etats différents, deux cent soixante-dix huit espèces d'actions et quarante-six catégories d'obligations, en tout trois cent cinquante huit placements divers.

Au lieu de cela, l'établissement chargé de faire fructifier les fonds d'épargne, ne connaît guère qu'un placement, le papier d'Etat, rentes ou bons du Trésor.

Depuis près de trente ans que fonctionne la Commission supérieure, il n'est pas de session où nos membres élus n'aient critiqué cette composition du portefeuille, en réclamant bien d'autres placements susceptibles d'en augmenter le rendement, tout en réduisant les risques et les chances de moins-value.

Ils ont eu beau invoquer le texte même de la loi du 20 Juillet 1895, dont l'article premier édicte expressément que les fonds des déposants doivent être employés, non seulement en valeurs d'Etat, mais encore en valeurs garanties par l'Etat, en obligations des départements, des communes et des Chambres de commerce et en obligations du Crédit foncier.

Voici comment la loi est observée. Au 31 Décembre 1922, le portefeuille des Caisses d'épargne ordinaires s'élevait à près de huit milliards (7 milliards 859.662.000 francs), sur quoi les valeurs d'Etat se montent à elles seules à 96 °/₀ (7.507.508 000 francs), le surplus s'émiettant entre quelques liasses d'obligations de chemins de fer, du Crédit foncier et de la Ville de Paris, les prêts aux Habitations à bon marché et les comptes courants au Trésor et à la Banque de France. Autant dire que l'épargne française est employée uniquement à soutenir la rente française, est stérilisée et confinée dans le papier d'Etat, au lieu de servir à des travaux utiles et productifs.

Grâce à cette pratique vicieuse, la plupart de nos Caisses ne peuvent servir à leurs déposants qu'un intérêt de 3,75 °/₀, alors que l'Etat emprunte à 6 °/₀ et plus. Conséquence plus grave : notre fonds commun de réserve, que gère aussi la Caisse des Dépôts, a fondu de 310 millions, au 31 Décembre 1913, à 60 millions au 31 Décembre 1920 ; et c'est pour lui faire remonter la pente (il atteint déjà 184 millions) qu'on nous refuse le taux d'intérêt auquel nous avons droit.

Pour revenir à l'observation de la loi, la Commission de révision propose certaines réformes réclamées depuis longtemps par nos Conférences. C'est d'abord qu'une délégation de la Commission supérieure des Caisses d'épargne ait son mot à dire sur le placement des fonds des déposants. C'est encore et surtout la limitation à 50 °/₀ des emplois en valeurs d'Etat ou garanties par l'Etat, avec une interprétation large et raisonnable du texte en vigueur, en mettant sur le même pied les obligations des Départements, des Communes et des Chambres de commerce, qu'elles soient ou non cotées en Bourse. En effet, ces placements sont tous d'une sécurité absolue, l'Etat ne pouvant souffrir que ces catégories d'emprunteurs se dérobent à leurs engagements.

Votre Commission propose d'appliquer la loi en vigueur et de l'élargir un peu en y ajoutant des placements en fonds d'Etats étrangers, dans une proportion de 10 %, et en avances sur titres acceptés par la Banque de France, à concurrence de 5 %. C'est là une réforme extrêmement modérée et le minimum de ce qu'on doit réclamer. Rappelez-vous les démonstrations lumineuses de notre regretté collègue M. Couprie, expliquant comment la Caisse d'épargne belge a pu traverser une crise terrible, en réalisant ses valeurs commerciales, les lettres de change sur l'étranger qu'elle avait dans son portefeuille, au lieu de vendre de la rente à perte.

III. — Caisses à garantie communale

Après vingt-cinq ans d'annexion, les Caisses d'épargne d'Alsace-Lorraine, voulant se défendre contre la concurrence du pays de Bade et du Palatinat, ont obtenu d'introduire chez elles deux innovations principales : le livret nominatif payable au porteur (voir références de l'article 19) et surtout la gestion directe des fonds des déposants, qui leur permît de servir le même taux d'intérêt que les Caisses rivales. Désireux d'alléger sa responsabilité, l'Etat les autorisa à substituer à sa garantie la garantie des Communes où elles avaient leur siège, ces Communes jouissant d'ailleurs d'une autonomie plus grande que nos Communes de l'intérieur. Introduit en 1895, élargi en 1912, ce régime est pratiqué par la plupart des Caisses d'épargne de nos départements recouvrés ; elles s'en louent, le préconisent et en réclament l'adoption définitive.

Pour l'étudier à fond, il convient de se reporter au texte de la loi alsacienne et lorraine du 23 Août 1912 et de ses annexes, à la brochure de MM. Gruber et J. Oster, aux causeries de MM. Couprie, Winsback, Feil et Hoffmann, aux rapports de MM. Vicq, Georgel, Desjobert et Cerise. On se bornera ici à signaler les principales caractéristiques de ce régime.

Donner le nom de libre emploi à cette gestion directe des fonds des déposants constitue un véritable abus de langage. Rien de plus strictement réglé, limité, canalisé, contrôlé. En effet, les Caisses à garantie communale sont astreintes à employer quatre dixièmes au moins de leurs placements en mêmes valeurs que la Caisse des Dépôts et Consignations ; cinq dixièmes au plus en prêts aux Communes et établissements publics ; et le surplus seulement en prêts hypothécaires et surtout en comptes de banques pour leur fonds de roulement. L'emploi en valeurs d'Etat ou garanties par l'Etat équivaut aux placements de nos fonds de réserve ; les emprunts communaux sont soumis à une approbation par décret, si la Commune a déjà une dette publique ou si le délai d'amortissement excède dix ans, et par arrêté préfectoral, dans le cas contraire ; les prêts sur première hypothèque contiennent la réserve d'un droit de dénonciation de trois à six mois ; enfin les banques où ces Caisses d'épargne gardent leur fonds de roulement, sont au choix du Ministère, qui détermine la garantie à fournir par elles et le montant du compte-courant. Avec ces multiples précautions, les risques de mauvais placements semblent bien devoir être écartés.

Ajoutez à cela les divers contrôles. Déjà le Conseil municipal de la Commune garante, à qui les comptes sont soumis chaque année, garde la haute main sur la Caisse d'épargne, dont elle nomme les Administrateurs. De plus, son approbation est nécessaire, même pour l'allocation de pensions aux employés et pour les emplois du fonds de réserve, pour peu qu'ils s'écartent de ceux de la Caisse des Dépôts. D'autre part, le contrôle de l'Etat est bien plus étendu que sur les Caisses d'épargne de l'intérieur. En outre des Inspecteurs de Caisses, l'autorité préfectorale a le droit de tout voir, même les registres de délibérations, d'assister aux séances (et Dieu sait si elle a usé de ce droit pour faire souscrire aux emprunts de guerre !), de casser les administrateurs et de les remplacer. Sans l'approbation ministérielle, on ne peut créer de succursales, acquérir d'immeubles, etc. On le voit, les Caisses à garantie communale sont suffisamment tenues en bride et surveillées, pour que tout abus devienne impossible sans la connivence des agents du contrôle.

Pendant près de trente ans, la gestion directe a subi l'épreuve de la pratique et constitue un réel progrès, aux yeux de nos collègues des frontières menacées. Cette considération plaide singulièrement en faveur de son maintien.

Par contre, il n'y a peut-être pas les mêmes raisons de maintenir certaines règles secondaires par où le régime alsacien et lorrain diffère de celui de l'intérieur. Là-bas, toutes les Caisses sont municipales, même celles qui versent à la Caisse des Dépôts et pour qui ce mode de nomination des Administrateurs n'offre aucun avantage. Toutes ont la qualité d'établissements publics, alors que celles de l'intérieur jouissent en réalité des mêmes prérogatives comme établissements d'utilité publique. Le seul intérêt de cette distinction ne subsisterait que pour les contrats de prêts et pour l'acquisition d'immeubles hypothéqués ; les articles 30 et 45 de l'Avant-projet y ont pourvu.

Le régime alsacien et lorrain se distingue encore du régime intérieur sur d'autres points, par exemple les achats de rentes d'office, avec frais ; le calcul des intérêts par semaine, et non par quinzaine ; les traitements différents faits aux Caisses à garantie communale et aux Caisses à garantie de l'Etat aux points de vue du taux de l'intérêt, de la disposition des bonis et même du maximum des livrets, jusqu'au décret du 25 Novembre 1919. Sur tous ces points secondaires, le régime intérieur offre tant d'avantages qu'il devrait être aisé de le faire prévaloir, tout en maintenant la gestion directe, qui a fait ses preuves et donné d'excellents résultats.

Ce régime spécial a-t-il chance de s'étendre en dehors des départements recouvrés ? A n'envisager que le mode de gestion, il serait adopté d'enthousiasme par des Caisses comme Marseille, Lyon, Paris, Bordeaux, et autres des plus riches et des mieux outillées. Mais cet avantage ne serait-il pas acheté bien cher par nos Directeurs, s'il leur fallait reprendre le collier de servitude, renoncer à l'autonomie pour retomber dans la dépendance d'un Conseil municipal, exposé lui-même aux surprises de la politique locale ?

En réalité, il existe actuellement pour les Caisses d'épargne de France deux sortes d'autonomie partielle. L'une, en faveur chez nos Caisses de l'intérieur, s'applique au recrutement des Administrateurs ; elle est absolue. L'autre, dont se louent la plupart de nos Caisses de Rhin et Moselle, concerne la gestion directe des fonds des déposants ; elle est limitée, enfermée dans des règles étroites, dictées par une prudence éclairée.

Le jour où l'on admettra qu'ainsi comprise, cette gestion de nos dépôts n'est guère plus difficile ni plus dangereuse que la gestion de nos fonds de réserve ; le jour où l'on reconnaîtra qu'un fonds de réserve de plusieurs millions présente autant de garantie qu'un budget communal de 60.000 fr., peut-être acceptera-t-on de voir nos Caisses les plus importantes réunir entre les mains de leurs dirigeants les deux sortes d'autonomie.

Ce jour-là, nos Caisses d'épargne de France n'auront plus grand'chose à envier aux Caisses d'épargne de l'étranger.

Conclusion

On trouvera peut-être un peu timide ce projet de révision. Mais nos revendications auront d'autant plus de chances d'être accueillies en haut lieu qu'étant plus modérées, elles soulèveront moins d'objections de la part des esprits prévenus ou timorés, que la leçon des années de guerre n'aurait pas suffisamment convaincus des services inappréciables à attendre d'un nouveau développement de notre institution.

Lorsque nos Conférences régionales se seront prononcées sur le présent travail, le projet définitif qu'arrêtera la Conférence générale constituera pour quelque temps le Programme des vœux et revendications de l'Epargne française.

A la période d'études succédera la période de réalisation. Bien entendu, l'ensemble du projet ne sera pas présenté sous cette forme devant le Parlement, et cela pour plusieurs raisons. D'abord, il convient d'éviter que le principe même de notre institution ne soit combattu par des esprits faux, comme cela est déjà arrivé sous la précédente législature. Puis certaines réformes peuvent être réalisées par décret, sans mettre en jeu la lourde machine parlementaire. Enfin, l'expérience a prouvé qu'il est plus facile d'obtenir une à une les réformes de détail, en profitant de circonstances favorables. Ce sera pour nos dirigeants une question d'opportunité.

Le jour où chacune de nos demandes aurait reçu satisfaction, on pourrait tenter d'obtenir sans discussion la codification finale, à l'exemple de ce qui vient de se faire pour les Habitations à bon marché.

PROPOSITION DE LOI

TITRE PREMIER

De l'organisation des Caisses d'épargne

ARTICLE PREMIER

La création des Caisses d'épargne ordinaires a lieu par décret du Président de la République, rendu en la forme des règlements d'administration publique.

Les Caisses d'épargne ordinaires se divisent en deux catégories :

I. — Les Caisses à garantie de l'Etat qui sont dites :

Autonomes, si le Conseil d'administration se recrute par cooptation ;

Mixtes, si un certain nombre d'administrateurs doit être pris dans le Conseil municipal.

II. — Les Caisses à garantie communale, qui sont dites Municipales, le Conseil d'administration étant nommé tout entier par le Conseil municipal.

(L. 5 Juin 1835, art. 1er ; L. 31 Mars 1837, art. 1er ; L. als. 23 Août 1912, art. 1er, 31 et 33. Pour la transformation des Caisses municipales à garantie de l'Etat, voir Exposé des motifs : Recrutement des Administrateurs ; Vœux C. E. 1908, C. C.-E. 1911, C. O. et C. M. 1912).

ARTICLE 2

Tout changement de la modalité d'une Caisse d'épargne ordinaire ou d'une partie de ses statuts devra être autorisé dans les mêmes formes que sa création.

Dans tous les cas de création ou de transformation, le refus

Dans les références qui suivent chaque article, L. veut dire loi, L. als. loi alsacienne, D. décret, C. S. Commission supérieure, C. G. Conférence générale, C. E. Conférence de l'Est et du Nord, C. O. Conférence de l'Ouest et du Sud-Ouest, C. C. Conférence du Centre, C. C.-E. Conférence du Centre-Est, C. N.-O. Conférence du Nord-Ouest, C. M. Conférence du Midi et du Sud-Est.

d'autorisation par le Ministre de la Prévoyance sociale, ou son défaut de décision dans les deux mois de la réception du dossier, pourra, dans un nouveau délai de deux mois, être déféré au Conseil d'Etat qui statuera définitivement.

Lorsqu'il y aura conflit au sujet de l'autonomie entre le Conseil municipal et l'Administration de la Caisse d'épargne, le Ministre statuera, sauf pourvoi au Conseil d'Etat dans les mêmes formes et les mêmes délais que ci-dessus.

(Projet de révision de 1913, art. 5).

ARTICLE 3

Il est interdit de donner comme désignation principale, comme sous-titre ou avec une qualification quelconque, le nom de Caisse ou de Société d'épargne à tout établissement qui n'aurait pas été autorisé conformément aux prescriptions de l'article 1er, et de se servir d'une appellation quelconque susceptible de créer une confusion avec les Caisses d'épargne.

Toute infraction à cette règle sera punie d'une amende de 100 à 5.000 francs et d'un emprisonnement de trois mois à deux ans, ou de l'une de ces deux peines seulement, sauf application de l'article 463 du Code pénal, sans préjudice de l'insertion et de l'affichage du jugement, de la suppression de la dénomination adoptée et de tous dommages-intérêts, s'il y a lieu.

(L. 20 Juillet 1895, art. 13 ; Vœux C. S, 1910, 1912, 1913 ; Projet de révision de 1913, art. 9.)

ARTICLE 4

Les Caisses d'épargne ordinaires constituent des établissements d'utilité publique. A ce titre, elles peuvent recevoir des dons et legs, contracter toutes obligations rentrant dans le cadre de leurs attributions et ester en justice, tant en demandant qu'en défendant.

(L. 5 Juin 1835, art. 10 ; L. 23 Août 1912, art. 2 ; Projet de révision de 1913, art. 2 ; C. E. 1922.)

ARTICLE 5

Le ressort de chaque Caisse d'épargne ordinaire sera déterminé par le décret d'autorisation. Dans l'étendue de son ressort, elle peut créer des succursales ou bureaux annexes.

A l'avenir, l'existence d'une Caisse d'épargne ou d'une Succursale dans une commune fera obstacle à l'ouverture, dans cette commune, d'une autre Caisse ou d'une Succursale relevant d'une autre Caisse.

Si plusieurs Caisses ont leur siège dans le même arrondissement, elles ne peuvent établir de Succursales que dans les cantons où elles en ont déjà, à moins de justifier d'accords préalables, conclus par écrit avec les autres Caisses de cet arrondissement.

Elles ne peuvent non plus établir de Succursales dans un arrondissement voisin que si cet arrondissement n'a pas encore de Caisse d'épargne, ou si elles justifient d'accords préalables conclus par écrit avec les Caisses de cet arrondissement.

En cas de conflit, le Ministre statuera sur avis de la Commission supérieure.

(L. 20 Juillet 1895, art. 22 ; L. 22 Juillet 1912 ; L. 23 Août 1912, art. 26 ; Projet de révision de 1913, art. 8.)

ARTICLE 6

Chaque Caisse d'épargne ordinaire est administrée par un Conseil composé de membres dont le nombre et la durée des fonctions sont fixés par les statuts. Ces Administrateurs, dont les fonctions sont purement gratuites, sont soumis au renouvellement partiel.

Le Conseil nomme son Bureau et délibère sur toutes les mesures à prendre dans l'intérêt de la Caisse et pour l'exécution des lois, décrets et règlements.

Il agit au nom de la Caisse et la représente, en assure la gestion, en vérifie les écritures et en arrête les comptes.

Il règle la composition des bureaux, nomme et révoque les employés et fixe leurs traitements.

(L. 23 Août 1912, art. 19, 20, 21 ; Projet de révision de 1913, art. 3.)

ARTICLE 7

La Direction des services techniques de la Caisse d'épargne est confiée, sous le contrôle du Conseil d'administration, à un Agent général, Caissier central ou Trésorier responsable, assujetti à fournir un cautionnement, dont la forme et le montant sont fixés par le Conseil.

(L. 23 Août 1912, art. 23 ; Projet de révision de 1913, art. 10.)

ARTICLE 8

En cas de dissolution d'une Caisse d'épargne ordinaire, les valeurs restant libres, après remboursement des dépôts et paiement des dettes, devront être employées à la transformation de l'établissement ou à sa fusion avec une Caisse voisine.

Sinon, elles seront, par délibération du Conseil d'administration, employées à des œuvres de bienfaisance ou d'utilité publique fonctionnant dans le ressort de la Caisse.

(L. 23 Août 1912, art. 1 et 28 ; Statuts types.)

TITRE II

Du fonctionnement des Caisses d'épargne

ARTICLE 9

Les Caisses d'épargne doivent tenir leur comptabilité en partie double.

Un règlement d'administration publique, présenté par les Ministres des Finances et de la Prévoyance sociale, distinguera les éléments principaux et accessoires de cette comptabilité, en retenant comme éléments principaux : les comptes courants, le journal, le grand-livre, le registre matricule, la balance des comptes-courants individuels et celle des comptes divisionnaires, et le registre d'entrée et de sortie des titres de rente.

Le même règlement déterminera le mode de surveillance de la gestion et de la comptabilité des Caisses d'épargne.

Dans leurs instructions, les Ministres devront tenir compte de l'étendue des ressources budgétaires, dont dispose chaque Caisse pour faire face à ses frais généraux, et admettre le système de comptabilité qui y est pratiqué, pourvu qu'il soit conforme aux principes généraux de la méthode des parties doubles et qu'il constitue un ensemble rationnel suffisant pour assurer la régularité, l'exactitude et le contrôle de toutes écritures.

(L. 30 Juin 1851, art. 8 ; Rapport de M. Thillaye.)

ARTICLE 10

Dans le cas où des documents de comptabilité prescrits par les règlements n'auraient pas été produits en temps utile, le Ministre compétent peut les faire dresser d'office aux frais de la Caisse d'épargne.

Toutefois, pour arriver à simplifier la forme des états à produire et, s'il y a lieu, pour établir des équivalents avec ceux en usage dans les départements réunis, une Commission nommée par le Ministre de la Prévoyance sociale et comprenant au moins trois Agents généraux, arrêtera la liste et la forme des états ou documents. Les conclusions de cette Commission seront sanctionnées par un arrêté ministériel, après avis de la Commission supérieure.

(L. 30 Juillet 1895, art. 15 ; Projet de révision de 1913, art. 13.)

ARTICLE 11

Les Caisses d'épargne ne sont tenues de conserver pendant trente ans que les quittances de remboursement, comptes-courants et registres matricules ; elles peuvent détruire les registres, livrets soldés et pièces diverses ayant dix ans de date.

(L. 9 Avril 1881, art. 14 *in fine* et 21 ; L. 23 Août 1912, art. 3 et 8 ; Vœux C. M. et C. S. 1922.)

ARTICLE 12

Suivant l'origine des Caisses, le contrôle de leurs opérations continuera à être effectué par les autorités qui en sont actuellement chargées.

Toutefois et en dehors de ce contrôle général, il sera prélevé sur le fonds commun de réserve prévu par l'article 36 une somme annuelle de deux cent mille francs, destinée à organiser le contrôle spécial de toutes les Caisses d'épargne de France, par les Receveurs particuliers des Finances et Trésoriers-payeurs généraux, et par des Inspecteurs des Finances spécialement désignés pour ces vérifications.

Chaque année, il sera distribué aux Chambres un rapport sommaire sur la situation et les opérations des Caisses d'épargne.

(L. 5 Juin 1835, art. 12 ; L. 20 Juillet 1895, art 12 ; D. 20 Septembre 1896 ; L. 23 Août 1912, art. 29 et 30.)

ARTICLE 13

Le compte ouvert à chaque déposant ne peut dépasser le maximum de dix mille francs.

Le versement minimum est d'un franc.

Les Caisses d'épargne sont autorisées à émettre des Bons ou timbres d'épargne d'un prix inférieur à un franc, et à recevoir ces coupures lorsque, réunies, elles représentent le montant du versement minimum autorisé.

(L. 20 Juin 1845, art. 1er ; L. 20 Juillet 1895, art. 8, § 6 ; L. 19 Octobre 1919 ; C. G. 1922.)

ARTICLE 14

Dès qu'un compte dépassera de mille francs au moins, par la capitalisation des intérêts, le maximum autorisé, il en sera donné avis au déposant, avant le 15 Mai, par lettre recommandée.

Si, dans les trois mois qui suivront cet avis, le déposant n'a pas retiré son excédent, il lui sera acheté, d'office et sans frais, de la rente française avec cet excédent, sans réduire à moins de dix mille francs le capital dont le déposant peut tenir à conserver la disposition.

De plein droit, la Caisse cessera de servir l'intérêt de l'excédent, le maximum seul y donnant droit, ainsi que cela sera mentionné sur le livret.

Tous les ans, il sera remis au Ministre de la Prévoyance sociale, par chaque Caisse d'épargne, un relevé des comptes dont le montant dépasserait le maximum autorisé.

(L. 9 Avril 1881, art. 9 et 21 ; L. 25 Août 1912, art. 10 et 15 ; C. S. 1902, 1903).

ARTICLE 15

Pour les Sociétés de secours mutuels et les institutions spécialement autorisées à déposer aux Caisses d'épargne, le maximum des dépôts peut s'élever à cinquante mille francs.

Au-delà de ce chiffre, il leur sera fait application des dispositions de l'article précédent.

(L. 9 Avril 1881, art. 13 et 21 ; L. 25 Août 1912, art. 8 ; L. 19 Octobre 1919).

ARTICLE 16

Les Caisses d'épargne peuvent rembourser à vue les fonds déposés, en utilisant tous les modes d'envoi d'argent admis pour la Caisse d'épargne postale; mais les remboursements ne sont exigibles que dans un délai de quinzaine.

Pour faire face à leurs obligations, et partout où, à défaut de Trésorier-payeur général, de Receveur des Finances ou de Percepteur, il existe un bureau de la Banque de France, les Caisses d'épargne seront admises à y recourir, dans des conditions fixées par le Ministre des Finances.

Tout remboursement effectué dans les conditions prescrites par les règlements d'administration publique est libératoire à l'égard de la Caisse d'épargne.

(L. 20 Juillet 1895, art. 3, § 1er; L. 23 Août 1912, art. 12 et 13; C. N.-O. 1923).

ARTICLE 17

En cas de force majeure, un décret du Président de la République peut limiter les remboursements à la somme de cent francs par quinzaine et par livret ordinaire, et à celle de trois cents francs par livret de cinquante mille francs, sauf pour les Sociétés de la Croix-Rouge, auxquelles cette clause de sauvegarde ne sera pas applicable.

Des délais supplémentaires seront fixés, par le même décret, pour les opérations nécessitant l'intervention d'un établissement situé en dehors de la France continentale.

(L. 20 Juillet 1895, art. 3, § 2; Vœux C. C. et C. G. 1921.)

ARTICLE 18

Il sera délivré à chaque déposant un livret à son nom, sur lequel seront enregistrés tous ses versements et remboursements.

Aucune opération n'est réputée valable et ne forme titre contre la Caisse d'épargne ou contre le déposant, si elle n'est attestée sur le livret, outre la signature du Caissier, par le visa et la signature de l'Administrateur de service ou de l'Agent chargé du contrôle.

(L. 5 Juin 1835, art. 7; L. 20 Juillet 1895, art. 14; L. 23 Août 1912, art. 6).

ARTICLE 19

Le livret établi au nom du déposant peut affecter une des trois formes suivantes :

Nominatif et exclusivement payable au titulaire ou à son fondé de pouvoir ;

Nominatif et payable au porteur pour les intérêts de la dernière année seulement ;

Nominatif et payable au porteur, intérêts et capital.

Le livret doit mentionner la catégorie à laquelle il appartient.

L'option faite par le titulaire au moment de la création du livret peut être modifiée par lui ultérieurement. Son livret est alors annulé et remplacé par celui de la nouvelle catégorie choisie.

Pour le remboursement d'un livret de la troisième catégorie, la responsabilité des Caisses est dégagée pour chaque remboursement fait au porteur.

(L. 20 Juillet 1895, art. 16 ; L. 8 Avril 1910, art. 115 ; C. S. 1909 et 1919 ; C. M. 1913 ; C. E. 1923.

ARTICLE 20

En cas de perte ou de soustraction d'un livret, le titulaire doit faire immédiatement à la Caisse centrale et à la Succursale qui l'aurait délivré, une déclaration écrite ou verbale, dont il lui est donné récépissé. La perte est signalée par la Caisse centrale à toutes ses Succursales.

(L. 23 Août 1912, art. 13 et 17 ; Projet de révision de 1913, art. 15).

ARTICLE 21

Nul ne peut être titulaire de deux ou plusieurs livrets d'épargne, qu'ils soient d'une Caisse ordinaire ou de la Caisse postale.

Toute infraction à cette règle sera punie de la perte des intérêts sur l'excédent du maximum légal, en faisant masse des livrets ouverts au nom du même titulaire.

En outre, le contrevenant sera mis en demeure de revenir, dans les trois mois, à l'unité de livret et de désigner la Caisse à laquelle il entend le conserver, à peine de perdre les intérêts du ou des livrets en surnombre, même si le maximum légal n'était pas dépassé.

Toutefois la possession d'un ou plusieurs livrets conditionnels ne prive pas le titulaire du droit de se faire ouvrir un livret ordinaire.

(L. 20 Juillet 1895, art. 18 ; L. 6 Avril 1901 ; L. 23 Août 1912, art. 7 et 11 ; C. M. et C. C.-E. 1913 ; C. C. et C. G. 1922 ; Projet de révision de 1913, art. 17).

ARTICLE 22

Toute somme versée à une Caisse d'épargne est, au regard de la Caisse, la propriété du titulaire du livret.

Les mineurs sont admis à se faire ouvrir des livrets sans l'intervention de leur représentant légal. Ils pourront retirer, sans cette intervention, mais seulement après l'âge de 14 ans révolus, les sommes figurant sur les livrets ainsi ouverts, sauf opposition de la part de leur représentant légal.

Les femmes mariées, quel que soit leur régime matrimonial, sont admises à se faire ouvrir des livrets sans l'assistance de leur mari. Elles pourront retirer, sans cette assistance, les sommes figurant aux livrets ainsi ouverts, sauf opposition de la part du mari. Dans ce cas, il sera sursis au remboursement pendant un mois à partir de la dénonciation qui en sera faite à la femme par lettre recommandée, à la diligence de la Caisse d'épargne. Passé ce délai, et faute par la femme de s'être pourvue contre la dite oppositon par les voies de droit, le mari pourra toucher seul le montant du livret, si son régime matrimonial lui en donne le droit.

L. 20 Juillet 1895, art. 16 ; L. 23 Août 1912, art. 4 et 12; C. E. et C. C. 1913 ; C. G. 1920, 1921 et 1922 ; Projet de révision de 1913, art. 16.)

ARTICLE 23

Les saisies-arrêts et oppositions de toute nature signifiées aux Caisses d'épargne n'auront d'effet que pendant cinq ans à compter de leur date, et, si elles n'ont pas été renouvelées dans l'intervalle, elles seront rayées d'office à l'expiration de ce délai.

(L. 5 Juin 1835, art. 11 ; L. 20 Juillet 1895, art. 24 ; L. 23 Août 1912, art. 14.)

ARTICLE 24

Tout déposant pourra faire transférer tout ou partie de ses fonds d'une Caisse d'épargne ordinaire à une autre. Les formalités à observer seront réglées par le Ministère compétent.

Les Caisses d'épargne qui voudraient recevoir des versements et opérer des remboursements sur des livrets émis par une autre Caisse seront autorisées à faire ces opérations, en suivant les règles déterminées par un règlement d'administration publique.

(L. 5 Juillet 1835, art. 8 ; L. 23 Août 1912, art. 14)

ARTICLE 25

L'intérêt servi aux déposants part du 1er ou du 16 de chaque mois. Il cesse de courir à partir du 1er ou du 16 qui a précédé le jour du remboursement.

Sur le produit du placement des fonds des déposants, les Caisses d'épargne prélèvent une somme suffisante au paiement de leurs frais généraux et à la constitution de leur fonds de réserve. Ce prélèvement sera de 0,25 % au moins et de 0,50 % au plus sur l'ensemble des comptes des déposants. En cas d'insuffisance des 0,50 %, les Caisses pourront prélever l'excédent de leurs frais généraux sur les revenus de leur fortune personnelle.

(L. 9 Avril 1881, art. 3, §§ 2 et 3 ; L 20 Juillet 1895, art. 8 ; L. 23 Août 1912, art. 9.)

ARTICLE 26

Le taux d'intérêt à servir aux déposants est fixé par le Conseil d'administration en fin d'exercice, pour l'année suivante. Pourront être favorisés par un système de primes les livrets que le Conseil aura jugés dignes de cet encouragement.

L'intérêt servi aux déposants, soit en vertu du taux fixé, soit à titre de prime, ne pourra, en aucun cas, dépasser le chiffre de l'intérêt alloué aux Caisses d'épargne par la Caisse des Dépôts et Consignations, déduction faite du prélèvement obligatoire.

Le règlement de chaque Caisse d'épargne fixant le montant des primes sera publié dans le mois qui suivra la fixation du taux de l'intérêt. Il sera communiqué au Ministre de la Prévoyance sociale qui, dans les trente jours de la réception, pourra l'annuler pour violation de la loi, sauf recours au Conseil d'Etat.

(L. 20 Juillet 1895, art. 8.)

ARTICLE 27

Tout déposant dont le crédit sera de somme suffisante pour acheter six francs de rente au moins ou l'un des titres visés sous les numéros 1, 2 et 3 de l'article 33, aura la faculté de faire opérer cet achat par les soins de la Caisse d'épargne, en titres nominatifs ou au porteur. Les achats de rentes françaises ou d'obligations des chemins de fer de l'Etat seront seuls exempts de frais.

La rente pourra être attribuée, au cours moyen du jour de

l'opération, par un prélèvement sur le portefeuille des Caisses d'épargne. Il en sera de même pour les autres titres, s'il en existe.

Dans le cas où le déposant ne retire pas les titres nominatifs achetés pour son compte, la Caisse d'épargne en reste dépositaire et reçoit les arrérages et primes de remboursement au crédit du titulaire. Celui-ci sera même admis à les déposer de nouveau à la Caisse d'épargne, s'ils portent encore la mention d'immatriculation.

Pour les achats de rentes et valeurs au porteur, les avis d'achat seront seuls transmis aux Caisses d'épargne. Les titres ainsi achetés seront conservés par les préposés de la Caisse des dépôts pour être remis directement aux titulaires.

Sur la demande écrite des déposants, les Caisses d'épargne peuvent vendre les valeurs qu'elles ont en dépôt. Le capital net en provenant sera porté au crédit du déposant sur un compte spécial, non productif d'intérêts pour la partie qui excéderait, livret compris, le maximum de 10.000 francs.

(L. 22 Juin 1845, art. 6 ; L. 20 Juillet 1895, art. 2 ; L. 13 Juillet 1911, art. 44 ; C. M. et C. C.-E. 1912 ; C. E., C. O., C. N.-O. et C. G. 1922).

ARTICLE 28

Lorsqu'il s'est écoulé trente ans à partir tant du dernier versement ou remboursement que de tout achat de rente ou toute autre opération effectuée à la requête d'un déposant, les sommes que détient la Caisse d'épargne au compte de ce dernier sont prescrites.

Les sommes ainsi prescrites à l'égard des déposants seront réparties entre les Caisses d'épargne pour deux cinquièmes et les Sociétés de secours mutuels possédant des Caisses de retraites, à concurrence des trois autres cinquièmes.

La liste des comptes ainsi abandonnés, avec les noms des titulaires, sera publiée dans une feuille d'annonces judiciaires de l'arrondissement où est située la Caisse d'épargne dépositaire, six mois avant au-moins l'expiration du délai de trente ans. A la même date, cette publication sera mentionnée au *Journal officiel*. Pendant la même période de six mois, cette liste sera affichée dans les locaux de la Caisse d'épargne et de ses Succursales, et tenue à la disposition des intéressés. Sont toutefois exemptés de la publication par voie du journal les comptes dont le montant en capital et intérêts est inférieur à 50 francs.

A partir de cette publication, ces comptes ne pourront être réclamés par l'État, en cas de déshérence ou de déclaration d'absence.

(L. 7 Mai 1853, art. 4 ; L. 20 Juillet 1895, art. 20 ; L. 22 Avril 1905, art. 56 ; L. 13 Juillet 1911, art. 120 ; L. 23 Août 1912, art. 16 ; L. 10 Juin 1921 ; C. O. 1922 ; C.G. 1920 et 1922.

ARTICLE 29

Est admise à circuler en franchise et sous enveloppe fermée la correspondance de service échangée entre les Caisses d'épargne, d'une part, et les Préfets et Sous-Préfets, Trésoriers-payeurs généraux et Receveurs particuliers des Finances, d'autre part.

(L. 20 Juillet 1895, art. 19 ; C. E. 1909 ; C. M. 1921).

ARTICLE 30

Les imprimés, registres, livrets, écrits et actes de toute nature nécessaires au service des Caisses d'épargne sont exempts des formalités du timbre et de l'enregistrement, ainsi que des droits de chancellerie.

Les certificats de propriété et actes de notoriété exigés par les Caisses d'épargne pour effectuer le remboursement, le transfert ou le renouvellement des livrets de titulaires décédés ou déclarés absents, seront visés pour timbre et enregistrés gratis.

Les contrats de prêts consentis par les Caisses à garantie communale continueront à être assujettis à un timbre spécial.

(L. 9 Avril 1881, art. 20 et 21 ; C. E. 1913 ; C. G. 1922.)

ARTICLE 31

Sont affranchis d'impôts sur les immeubles bâtis tous bâtiments et locaux nécessaires au service des Caisses d'épargne, à l'exclusion des locaux servant à l'habitation.

Sont affranchis de l'impôt sur le revenu des capitaux mobiliers les intérêts des sommes inscrites sur les livrets de Caisses d'épargne, ainsi que les actions et obligations des Sociétés de Crédit immobilier et d'habitations à bon marché et les prêts consentis à des particuliers pour acquérir ou construire de ces sortes d'habitations.

(Circulaire ministérielle, 5 Septembre 1860 ; L. 31 Juillet 1917, art. 39 ; C. S. 1908 ; L. 5 Décembre 1922, art. 63, 64, 68 et 71 ; C. N.-O. 1914.)

TITRE III

Gestion des dépôts

§ 1er. — GESTION PAR LA CAISSE DES CONSIGNATIONS

ARTICLE 32

Les Caisses d'épargne ordinaires, autres que les Caisses d'épargne à garantie communale, sont tenues de verser à la Caisse des Dépôts et Consignations toutes les sommes qu'elles reçoivent des déposants. Elles le font par l'entremise des Trésoriers-payeurs généraux, des Receveurs particuliers des Finances et des Percepteurs, ainsi que des bureaux de la Banque de France.

(L. 20 Juillet 1895, art. 1er ; L. 23 Août 1912, art. 24 ; C. S. 1912 et 1913 ; C. E 1913 ; C. C.-E. et C. N.-O. 1914 ; C E. 1922 ; Projet de révision de 1913, art. 28).

ARTICLE 33

Les fonds des Caisses d'épargne sont employés par la Caisse des Dépôts, conformément aux règles qui la régissent, et en outre après avoir pris l'avis d'une délégation de la Commission supérieure des Caisses d'épargne, composée du Président et de deux membres désignés par cette Commission parmi les membres élus des Caisses d'épargne, savoir :

1° — En valeurs de l'Etat français ou jouissant de sa garantie, et en obligations des grandes Compagnies de chemins de fer français ayant encore ou ayant eu la garantie de l'Etat, sans que, pour l'avenir, les placements en rente française perpétuelle puissent dépasser 50 % des placements à effectuer ;

2° — En obligations négociables en Bourse, en banque ou par

l'entremise des notaires, et entièrement libérées, des Départements, des Communes et des Chambres de commerce ;

3° — En obligations foncières et communales du Crédit foncier;

4° — En fonds d'Etats étrangers, sans qu'ils puissent dépasser 10 % du montant total des dépôts ;

5° — En prêts sur les valeurs acceptées par la Banque de France en garantie de ses avances, et dans les mêmes conditions que cet établissement, sans que ces derniers placements puissent dépasser 5 % des dépôts.

Les achats et les ventes sont effectués avec publicité et concurrence, en ce qui concerne les rentes françaises.

Les sommes non employées ne peuvent excéder 10 % du montant des dépôts au 1er Janvier. Elles sont placées en compte-courant, soit au Trésor, dans les mêmes conditions que les autres éléments de la dette flottante portant intérêt, soit en dépôt à la Banque de France. La partie déposée en compte-courant au Trésor ne peut dépasser 300 millions.

Ces dispositions ne feront pas obstacle à l'emploi d'une partie de ces fonds prévu par la loi du 5 Décembre 1922 sur les Habitations à bon marché.

(L. 20 Juillet 1895, art. 1er. — Exposé des motifs : Composition du portefeuille ; C. E. 1909 ; C. C. 1913 ; C. C.-E. 1914 ; C. S. 1908, 1912, etc ; Projet de révision de 1913, art. 30 ; L. 5 Décembre 1922.)

ART. 34

L'intérêt à servir aux Caisses d'épargne ordinaires par la Caisse des Dépôts est déterminé par le revenu du portefeuille et les intérêts du compte-courant.

Les variations de ce taux auront lieu par fractions de 0,05 %.

Lorsqu'il y aura lieu de modifier le taux, le nouvel intérêt à servir aux Caisses d'épargne sera fixé, avant le 1er Novembre pour l'exercice suivant, par un décret rendu sur la proposition du Ministre de la Prévoyance sociale, après avis de la Commission de surveillance de la Caisse des Dépôts et de la Commission supérieure des Caisses d'épargne.

(L. 20 Juillet 1895, art. 5 ; Projet de révision de 1913, art. 33.)

ARTICLE 35

L'intérêt à servir par la Caisse d'épargne postale à ses déposants et le prélèvement pour frais d'administration seront calculés de façon que le taux d'intérêt en résultant soit toujours inférieur de 75 centimes à celui que la Caisse des Dépôts servira aux Caisses d'épargne ordinaires.

A tous autres égards, ces dernières doivent jouir de la parité de traitement avec la Caisse d'épargne postale.

(L. 20 Juillet 1895, art 21 et 25 ; Projet de révision de 1913, art. 34.)

ARTICLE 36

Il est institué par la Caisse des Dépôts un fonds commun de réserve et de garantie qui ne pourra dépasser 10 % du montant des dépôts. Sont affectés à cette réserve :

1° — Le fonds de réserve actuel ;

2° — La différence entre les intérêts servis chaque année aux Caisses d'épargne ordinaires et le revenu du portefeuille et du compte courant, sans que cette différence puisse être supérieure à 0,10 % du montant total des dépôts ;

3° — Les intérêts et primes d'amortissement provenant de ce fonds lui-même ;

4° — Les retenues d'intérêts imposées aux titulaires de plusieurs livrets ;

Peuvent être seuls imputés sur ce fonds :

a) — Les pertes qui viendraient à résulter, soit de différence d'intérêts, soit de toutes autres opérations de placements, de résiliations et de remboursements ;

b) — Les sommes à prélever à titre d'avances provisoires, ou à titre définitif, en cas d'insuffisance de la fortune personnelle d'une Caisse d'épargne pour faire face aux pertes reconnues dans sa gestion ;

c) — Les frais de déplacement des Membres de la délégation de la Commission supérieure prévue à l'article 33 ;

d) — Les frais du contrôle spécial.

La retenue de 0,10 % cessera le jour où le fonds commun de réserve et de garantie représentera 10 % du montant des dépôts.

(L. 20 Juillet 1895, art. 6 ; Projet de révision de 1913, art. 35 ; C. M. et C. N.-O. 1913 ; C.C.-E. 1922.

ARTICLE 37

Le fonds de réserve est géré et employé par la Caisse des dépôts dans les mêmes conditions que les fonds des déposants.

Les sommes à prélever en cas de pertes sont arrêtées par le Ministre de la Prévoyance sociale, après avis de la Commission supérieure des Caisses d'épargne. Sur ce fonds il sera prélevé, chaque année, la somme destinée à assurer le contrôle spécial prévu à l'article 12 qui précède.

(L. 20 Juillet 1895, art. 7 ; Projet de révision de 1913, art. 36 à 38.)

§ II — GESTION DIRECTE

(CAISSES A GARANTIE COMMUNALE)

ARTICLE 38

Dans les Communes où les recettes annuelles dépassent 50.000 francs, il peut être stipulé, dans les statuts de la Caisse d'épargne de l'endroit, qu'elle se charge elle-même de faire fructifier les Dépôts d'épargne. Cette disposition n'est admissible qu'autant que la Commune se porte garante des engagements de la Caisse d'épargne.

Les délibérations du Conseil municipal ayant pour objet l'acceptation ou le retrait de la garantie communale ne sont valables qu'après approbation du Ministre de la Prévoyance sociale.

Toute Caisse à garantie communale doit porter le nom de la Commune où elle a son siège, avec désignation expresse de « Caisse à garantie communale ».

(L. 23 Août 1912, art. 31 et 32.)

ARTICLE 39

Dans les Caisses à garantie communale, le taux d'intérêt alloué aux déposants est fixé par le Conseil d'administration, avec l'assentiment du Conseil municipal. Il est subordonné à l'approbation du Ministre de la Prévoyance sociale et ne doit pas dépasser le taux de l'intérêt servi par la Caisse des dépôts aux Caisses d'épargne à garantie de l'Etat, diminué du prélèvement de 0,25 % pour frais généraux.

(L. 23 Août 1912, art. 36.)

ARTICLE 40

Sont également subordonnées à l'approbation du Conseil municipal de la Commune garante les décisions du Conseil d'administration de toute Caisse d'épargne à garantie communale qui ont pour objet :

1° — L'allocation de pensions aux employés de la Caisse d'épargne ;

2° — Le placement du fonds de réserve, au cas où il se différencierait du placement autorisé pour les fonds de la Caisse des dépôts ;

3° — L'émission d'emprunts ;

4° — La modification aux statuts ;

5° — La dissolution de la Caisse d'épargne.

L'arrêté du compte de fin d'année de la Caisse d'épargne, accompagné d'un rapport administratif, doit être communiqué au Conseil municipal de la commune garante sitôt après l'arrêté des comptes. Dans cet arrêté de compte, les valeurs négociables en Bourse doivent figurer au cours du 31 Décembre, et celles qui n'y sont pas négociables au cours des valeurs similaires, sans qu'en aucun cas la valeur puisse être portée à un prix supérieur au prix d'achat.

(L. 23 Août 1912, art. 40.)

ARTICLE 41

Plusieurs communes limitrophes ou voisines les unes des autres, dont les recettes respectives excèdent constamment 30.000 francs par an, peuvent créer en commun une Caisse d'épargne collective à garantie communale, à la condition de se porter garantes de ses engagements. Les Conseils municipaux de ces communes fixent le siège de la Caisse d'épargne et déterminent la part respective de garantie de chacune des communes engagées. Ces décisions ne sont valables qu'après approbation du Ministre de la Prévoyance sociale.

Les attributions du Conseil municipal vis-à-vis d'une Caisse d'épargne collective à garantie communale sont exercées par une Commission syndicale. Chaque commune intéressée doit être représentée par deux membres au moins dans le Conseil d'administration de la Caisse d'épargne. Les membres de la Commission syndicale ne peuvent, en même temps, être membres du Conseil d'administration.

(L. 23 Août 1912, art. 33.)

ARTICLE 42

Sauf restrictions que pourraient prévoir les statuts, les Caisses à garantie communale peuvent placer les fonds de leurs déposants :

1° — En valeurs autorisées pour le placement des fonds de la Caisse des dépôts et consignations.

2° — En prêts aux Communes ou aux Syndicats communaux et aux Etablissements publics du département ;

3° — En prêts par première hypothèque sur des immeubles du département ou sur droits perpétuels de superficie d'immeubles. Ces immeubles doivent être d'un rapport constant et leurs bâtiments être assurés contre l'incendie. Les prêts ne doivent pas excéder la moitié de la valeur de l'immeuble, s'il n'est pas offert d'autre garantie. Le Ministre peut émettre des dispositions spéciales relativement au mode d'évaluation ;

4° — En acquisitions d'immeubles à des ventes forcées, lorsque les créances hypothécaires de la Caisse d'épargne sur ces immeubles sont compromises.

Le Ministère peut aussi permettre temporairement d'autres placements. En particulier les Caisses d'épargne sont autorisées à allouer, à un taux modéré, des prêts lombards ou avances sur titres (obligations ou rentes désignées au 1° ci-dessus), à des institutions de crédit d'utilité publique désignées par le Ministère.

(L. 23 Août 1912, art. 37.)

ARTICLE 43

Les Caisses d'épargne à garantie communale doivent placer quatre dixièmes au moins de leurs dépôts en valeurs ou créances inscrites, autorisées pour le placement des fonds de la Caisse des dépôts, de telle sorte que 2/10 au moins du chiffre total des dépôts soient employés en rentes ou Bons du Trésor de l'Etat français, ou emprunts départementaux, et 1/10 au moins en fonds d'emprunts de leurs départements respectifs.

Les prêts aux Communes et Syndicats communaux, ainsi qu'aux établissements publics ne doivent pas dépasser les 5/10, et ceux aux communes garantes de la Caisse, les 4/10 du total des dépôts d'épargne. Les obligations émises par les Communes garantes, et qui ne sont pas négociables en Bourse, entrent en ligne de compte dans ces 4/10.

Les prêts par première hypothèque sur des immeubles ou droits perpétuels de superficie d'immeubles ne doivent pas excéder les 2/10 du total des dépôts, ni le total des prêts lombards dépasser 1/10 des dépôts.

Le Ministère peut permettre que le montant total des fonds à placer en obligations ou rentes soit réduit à 3/10, lorsque le fonds de réserve aura atteint 10 %.

(L. 23 Août 1912, art. 38)

ARTICLE 44

Dès que le fonds de réserve formé par les Caisses à garantie communale a dépassé le chiffre de 5 % des dépôts, les bénéfices ultérieurs réalisés à la fin de chaque exercice peuvent être employés en totalité au développement d'œuvres d'utilité publique, en particulier dans l'intérêt des communes garantes, et cela dans la mesure des prescriptions statutaires.

Les Caisses à garantie communale ont, en outre, à former un fonds de réserve spécial pour compenser les pertes provenant du cours des valeurs, et qui servira tout d'abord à couvrir le déficit que la baisse pourrait produire. Les détails sur ce point seront réglés par le Ministère.

(L. 23 Août 1912, art. 39).

ARTICLE 45

Le recouvrement des prêts en principal, intérêts et frais, peut avoir lieu sans préjudice des voies d'exécution judiciaire, conformément aux prescriptions en vigueur pour le recouvrement des prestations publiques. Les saisies à opérer à cet effet ont lieu conformément aux règles du Code de procédure civile.

(L. 23 Août 1912, art. 41.)

ARTICLE 46

En cas de conversion d'une Caisse d'épargne ordinaire en Caisse à garantie communale, le remboursement des fonds confiés à la Caisse des dépôts et consignations devra, autant que possible, s'effectuer par annuités égales, dans un délai de vingt ans, à partir de l'exercice qui suivra la conversion.

(L. 23 Août 1912, art. 44)

TITRE IV

Fortune personnelle

ARTICLE 47

Chaque Caisse d'épargne ordinaire doit créer un fonds de réserve, qui porte le nom de fortune personnelle et qui se compose :

1° — De sa dotation existante et des dons et legs qui pourraient lui advenir ;

2° — Des bénéfices nets réalisés et des comptes abandonnés ;

3° — Des intérêts et primes d'amortissement provenant de cette réserve.

Toutes les pertes résultant de la gestion de la Caisse d'épargne devront être imputées sur ce fonds.

Il est formellement rappelé qu'en cas d'insuffisance des bonis annuels, les frais généraux de la Caisse pourront être couverts de plein droit par les revenus de la fortune personnelle, conformément à l'article 25 qui précède.

(L. 20 Juillet 1895, art. 9 ; L. 23 Août 1912, art. 27 ; Projet de révision de 1913, art. 39.)

ARTICLE 48

Les Caisses d'épargne sont autorisées à employer leur fortune personnelle :

1° — En valeurs indiquées sous les numéros 1, 2, 3 de l'article 33 ;

2° — En acquisition ou construction d'immeubles nécessaires à l'installation de leurs services et à des services de l'Etat ;

3° — Aux prêts aux déposants qui possèdent des titres de rentes en dépôt à la Caisse d'épargne, et jusqu'à concurrence de la moitié de la valeur de ces titres.

Dans le but de dégager les éléments facilement réalisables de leur fortune personnelle, les Caisses d'épargne pourront, chaque année, amortir une partie de leurs dépenses d'installation, tout en continuant à en indiquer le montant sous forme de renvoi.

(L. 20 Juillet 1895, art. 10 ; L. 23 Août 1912, art. 27 et 34 ; C. C. 1911 ; C. M. et C. C.-E. 1912 ; C. G. 1922 ; C. S. 1909 et 1910.)

ARTICLE 49

Elles pourront, en outre, employer la totalité du revenu et le cinquième du capital de leur fortune personnelle en valeurs locales ci-après, pourvu que ces valeurs émanent d'institutions existant dans le département où les Caisses fonctionnent, savoir :

Bons de Mont de piété ou d'autres établissements reconnus d'utilité publique ;

Prêts aux Sociétés coopératives de crédit ou à la garantie d'opérations d'esconpte de ces Sociétés ;

Prêts pour l'établissement de lignes télégraphiques ou téléphoniques ayant leur point de départ ou d'arrivée dans le ressort de la Caisse ;

Œuvres destinées à assurer, dans les meilleures conditions d'hygiène et de bon marché, soit l'alimentation des enfants, de moins d'un an, soit la garde des enfants n'ayant pas l'âge scolaire ;

Acquisitions de bois, forêts ou terrains à boiser, mais à concurrence du 1/10 seulement du capital de la fortune personnelle.

(L. 20 Juillet 1895, art. 10, § 6 ; L. 12 Juillet 1913, art. 5.)

ARTICLE 50

Elles pourront, en outre, affecter la moitié du capital de leur fortune personnelle aux placements en valeurs locales ci-après, sans que, toutefois, le montant de ces placements ajouté au prix de revient des immeubles destinés aux services de la Caisse d'épargne et à des services de l'Etat, excède 70 % de ce capital :

Acquisition ou construction d'habitations à bon marché ;

Prêts hypothécaires aux Sociétés de construction de ces habitations ou aux Sociétés de Crédit immobilier qui en facilitent simplement l'achat ou la construction ;

Souscription d'actions ou d'obligations de ces deux sortes de Sociétés, pourvu que ces actions soient entièrement libérées et ne dépassent pas les deux tiers du capital social ;

Prêts hypothécaires, amortissables par annuités, au profit de particuliers désireux d'acquérir ou de construire des habitations à bon marché ;

Création de jardins ouvriers dont la contenance n'excède pas dix ares, de bains-douches populaires, de jardins ou champs n'excédant pas un hectare ;

Souscription à des actions de banques populaires visées par la loi du 13 Mars 1917, et prêts à ces mêmes banques.

Par dérogation à la règle qui limite au département l'action sociale des Caisses d'épargne, celles-ci pourront concourir à la formation de Sociétés de crédit immobilier régulièrement constituées, dont le but serait de favoriser, dans les régions dévastées de la France, la construction d'habitations à bon marché et l'acquisition de jardins ouvriers.

(L. 5 Décembre 1922, art. 36 à 41 ; L. 31 Mars 1917, art. 10 et 13 ; L. 18 Octobre 1919, art. 2.)

ARTICLE 51

Lorsque la fortune personnelle d'une Caisse d'épargne représente au moins 2 % des dépôts, un cinquième du boni annuel peut être consacré à l'augmentation du taux d'intérêt servi aux livrets que le Conseil d'administration jugera dignes de cette faveur.

Dans le même cas, la moitié du boni annuel pourra être employée en faveur d'œuvres de solidarité nationale, d'œuvres locales de prévoyance, d'assistance ou de bienfaisance, et au profit de victimes de calamités publiques.

L. 20 Juillet 1895, art. 10, § dernier ; L. 17 Décembre 1921.)

ARTICLE 52

Les Caisses qui n'ont pas encore établi, au profit de leurs employés, de caisse de retraites ou de caisse de patrimoine sont autorisées à le faire dans la forme et sous la modalité qui leur conviennent.

Deux conditions leur sont toutefois imposées :

1° — Satisfaire à la loi sur les retraites ouvrières ;

2° — Assurer leur fondation et leur entretien uniquement à l'aide de leurs ressources.

(Projet de révision de 1913, art 45)

ARTICLE 53

Les Caisses d'épargne sont tenues d'adresser au Ministère de la Prévoyance sociale, dans la première quinzaine de Février de chaque année, l'état des opérations de l'année précédente concernant l'emploi de leur fortune personnelle.

En cas d'inconvénient constaté et sur avis de la Commission supérieure, le Ministre pourra suspendre l'exercice de tel ou tel mode d'emploi des fonds desdites Caisses.

(L. 20 Juillet 1895, art. 10, § 8.)

TITRE V

Commission supérieure

ARTICLE 54

Il est formé auprès du Ministère de la Prévoyance sociale une Commission supérieure, qui se réunit au moins une fois par an, pour donner son avis sur les questions intéressant les Caisses d'épargne ordinaires ou postale.

Cette Commission est composée de vingt-six membres, savoir :

Deux Sénateurs élus par le Sénat ;

Deux Députés élus par la Chambre des Députés ;

Treize Présidents ou Administrateurs de Caisses d'épargne élus par les Caisses d'épargne ordinaires, suivant les formes déterminées par un règlement d'administration publique ;

Trois personnes connues par leurs travaux sur les institutions de prévoyance et désignées par le Ministre ;

Le Directeur général de la Caisse des dépôts et consignations ;

Le Directeur de la Caisse nationale d'épargne ;

Le Chef de la Division de l'Assurance et de la Prévoyance sociales ;

Le Directeur de la Comptabilité publique au Ministère des Finances ;

Le Directeur du Mouvement général des fonds au même Ministère ;

Le Chef du Service de l'Inspection générale des Finances.

Les Membres élus et les Membres désignés par le Ministre

sont nommés pour quatre ans. En cas de vacances survenues parmi les élus des Caisses d'épargne avant le 1er Juillet de chaque année, il sera procédé à de nouvelles élections pour remplacer les Membres défaillants et pour parfaire la durée de leurs mandats.

(L. 20 Juillet 1895, art. 11 ; L. 5 Août 1920.)

ARTICLE 55

Les Caisses d'épargne du Haut-Rhin, du Bas-Rhin et de la Moselle participent, comme celles du reste de la France, à l'élection des Présidents, ou Administrateurs appelés à faire partie de la Commission supérieure.

A titre transitoire et jusqu'à ce qu'un régime légal commun ait été institué pour toutes les Caisses d'épargne de l'intérieur et des départements réunis, deux des sièges destinés aux représentants élus des Caisses d'épargne seront obligatoirement attribués à des représentants des Caisses d'épargne de ces trois départements, élus par l'ensemble des Caissesd'épargne.

Pendant la même période, seront appelés également à siéger à la Commission supérieure avec voix consultative :

1° — Le Directeur du Travail, de la Législation ouvrière et des Assurances sociales au Commissariat général de la République à Strasbourg ou son représentant.

(L. 20 Juillet 1895, art. 11 ; L. 5 Août 1920.)

ARTICLE 56

La Commission supérieure élit son Président et son Vice-Président. Un Chef de Bureau de la Prévoyance sociale remplit les fonctions de Secrétaire avec voix consultative.

Le Président ou, à son défaut, le Vice-Président et deux autres Membres désignés parmi les Membres élus des Caisses d'épargne, ont entrée, avec voix délibérative, à la Commission de surveillance de la Caisse des dépôts et consignations, conformément à l'article 33. Ils devront être convoqués à toutes les séances où seront discutées les questions intéressant les Caisses d'épargne.

(Projet de révision de 1913, art. 47 ; C. S. passim.)

ARTICLE 57

La Commission supérieure formera une section permanente, à laquelle ses pouvoirs seront délégués pendant les intersessions.

Cette Section comprendra, outre le Directeur de la Prévoyance sociale, quatre membres choisis par la Commission supérieure, dont deux au moins seront pris parmi les membres élus.

La partie du procès-verbal relative à l'élection de cette Section permanente sera transmise, par la Direction de la Prévoyance sociale, au Ministre des Finances et à la Caisse des dépôts et consignations.

Si la Section permanente, consultée, était d'avis que la Commission supérieure tout entière fût réunie, celle-ci serait convoquée par le Ministre de la Prévoyance sociale, avec indication du motif.

(Projet de révision de 1913, art. 49).

ARTICLE 58

Aucun projet de loi ne sera soumis aux Chambres, et aucun décret ne sera rendu, en matière intéressant l'ensemble des Caisses d'épargne ou la Caisse d'épargne postale, sans que l'avis de la Commission supérieure ait été demandé.

(Projet de révision de 1913, art. 48 ; Vœux C. S. 1901, 1902 et 1908.)

TABLE DES MATIÈRES

PITHIVIERS. — IMPRIMERIE DES CAISSES D'ÉPARGNE

PITHIVIERS. — IMPRIMERIE DES CAISSES D'ÉPARGNE.

www.ingramcontent.com/pod-product-compliance
Ingram Content Group UK Ltd.
Pitfield, Milton Keynes, MK11 3LW, UK
UKHW020501180726
13839UKWH00004B/1838

9 782329 179179